I kona n riki bwa te turaaiwa n te bwati

Te korokaraki iroun KR Clarry
Te korotaamnei iroun Rosendo Pabalinas

Library For All Ltd.

E boutokaaki karaoan te boki aio i aan ana reitaki ae tamaaroa te Tautaeka ni Kiribati ma te Tautaeka n Aotiteeria rinanon te Bootaki n Reirei. E boboto te reitaki aio i aon katamaaroaan te reirei ibukiia ataein Kiribati ni kabane.

E boreetiaki te boki aio iroun te Library for All rinanon ana mwane ni buoka te Tautaeka n Aotiteeria.

Te Library for All bon te rabwata ae aki karekemwane mai Aotiteeria ao e boboto ana mwakuri i aon kataabangakan te ataibwai bwa e na kona n reke irouia aomata ni kabane. Noora libraryforall.org

I kona n riki bwa te turaaiwa n te bwati

E moan boreetiaki 2022
E moan boreetiaki te katootoo aio n 2022

E boreetiaki iroun Library For All Ltd
Meeri: info@libraryforall.org
URL: libraryforall.org

Te korotaamnei iroun Rosendo Pabalinas

Atuun te boki I kona n riki bwa te turaaiwa n te bwati
Aran te tia korokaraki Clarry, KR
ISBN: 978-1-922918-53-6
SKU02434

I kona n riki bwa te turaaiwa n te bwati

Aikai turaaiwa.

2

A mwakuri n te bwati.

A buokiia aomata turaaiwa
ni uotiia nakon te taaun.

A rikoia bwaatintia
taian bwati turaaiwa,
a anai kantokaia ao n
nikiriia n taabo nako
ake a kan nako iai.

A kabutii bwaati ri nanon
te kawai ao n tei n taiani
kainibwati ma taabo ake
a teetei iai bwaati.

Iai naba turaaiwa aika kaokoro bwa a kaakabutii bwatin te reirei,

bwaati ni kaneweaba ma
bwaati aika buuburakaei.

A mwaiti turaaiwa
n te bwati n te aonnaaba.

I kona n reirei ni kataneiaai bwa
I aonga n riki bwa te turaaiwa
n te bwati.

I aonga ni kona ni buokiia aomata ao n tararuaia raoi ni karokoia n aia tabo.

Ko kona ni kaboonganai titiraki aikai ni maroorooakina te boki aio ma am utuu, raoraom ao taan reirei.

Teraa ae ko reiakinna man te boki aio?

Kabwarabwaraa te boki aio.
E kaakamanga? E kakamaaku?
E kaunga? E kakaongoraa?

Teraa am namakin i mwiin warekan te boki aio?

Teraa maamaten nanom man te boki aei?

Karina ara burokuraem ni wareware
getlibraryforall.org

Rongorongoia taan ibuobuoki

E mmwammwakuri te Library For All ma taan korokaraki ao taan korotaamnei man aaba aika kakaokoro ibukin kamwaitan karaki aika raraoi ibukiia ataei.

Noora libraryforall.org ibukin rongorongo aika boou i aon ara kataneiai, kainibaaire ibukin karinan karaki ao rongorongo riki tabeua.

Ko kukurei n te boki aei?

Iai ara karaki aika a tia ni baarongaaki aika a kona n rineaki.

Ti mwakuri n ikarekebai ma taan korokaraki, taan kareirei, taan rabakau n te katei, te tautaeka ao ai rabwata aika aki irekereke ma te tautaeka n uarokoa kakukurein te wareware nakoia ataei n taabo ni kabane.

Ko ataia?

E rikirake ara ibuobuoki n te aonnaaba n itera aikai man irakin ana kouru te United Nations ibukin te Sustainable Development.

libraryforall.org

www.ingramcontent.com/pod-product-compliance
Lightning Source LLC
Chambersburg PA
CBHW040318050426
42452CB00018B/2912